El Plan de la felicidad del refrigerador de Sócrates

Un manual para que midas, eleves y alcances la felicidad

<u>**Garantía: si no aumentas tu nivel de felicidad después de leer este libro y aplicar las técnicas en él descritas, te devolvemos tu nivel de felicidad original**</u>

Nota: Si deseas gratis los test, tablas y formatos incluidos en este libro escríbeme **socratesmarquez.think@gmail.com**

Contenido

Introducción

Todos buscamos la felicidad, pero la neta, la felicidad no se busca, más bien se construye, se autoconstruye, para ser más específico.

Lo que también se puede hacer (y tal vez desconozcas) es que es posible **aumentar** tus propios niveles de felicidad. ¿Cómo, se puede **medir y aumentar**? La respuesta es: si

Los avances de los últimos años en la rama de la **psicología positiva,** principalmente de la doctora Sonja Lyubomirsky y su equipo de investigadores (una de las principales fuentes de información para poder elaborar este libro) y de estudios e investigaciones realizadas por el doctor Ed Diener alias "el doctor Happy" y de la Indian School of Business, hacen posible medir tu nivel actual de felicidad por medio de algunos test o pruebas.

Lo más interesante es que también hay pruebas psicométricas para identificar y seleccionar **estrategias generales y tareas específicas** para que, de acuerdo con tu personalidad, valores, gustos, intereses, tú puedas, por tu propia cuenta, **aumentar tus niveles de felicidad y sostenerlos.**

Si sientes que no eres feliz, que están bajos tus niveles de felicidad, si has hecho esfuerzos para alcanzarla, pero no has tenido éxito ni resultados, si la "buscas" pero no la "encuentras", si buscas un método probado, respaldado por la ciencia, si deseas tareas o acciones específicas programables en el tiempo, si quieres ver resultados e indicadores de avances, entonces este manual es para ti.

Hay que dejar en claro que para la elaboración de este libro se tomó como fuente las investigaciones de la doctora Sonja, las del doctor Mihaly Csíkszentmihályi, además de estudios de la Indian School of Business, análisis de otros libros, cursos y publicaciones relacionadas con la psicología positiva y lo que aquí se expone es una síntesis de esas investigaciones.

El autor, gracias a su profesión y expertise en temas de planeación estratégica aplicada a los negocios y emprendimientos, los estructuró en una guía y un plan práctico, sin tantos rollos, yendo al grano.

Este libro también es un resumen de los logros y esfuerzos del autor por buscar acciones, tareas específicas adecuadas para aumentar su propio nivel de felicidad, pues según las pruebas que se auto aplicó, su nivel de felicidad andaba por los suelos.

El autor tuvo que cuestionar y evadir las soluciones *naifs*, *new age*, *jipies*, aquellas que no tenían respaldo científico, dudó de los post y videos motivadores publicados por WhatsApp y demás redes sociales que le decían cómo alcanzar la felicidad; pero por su perfil, su forma de ser y por su modelo de pensamiento, buscó y encontró soluciones científicamente sustentadas para elevar sus niveles de felicidad, medirlas, que fueran fáciles de implementar y que realmente sirvieran. ¡Y lo logró!

Por eso decidió compartir su experiencia en este libro.

1. Algunos **conceptos** de felicidad, para que definas el propio y sepas cuándo la alcanzaste.

2. Algunos razonamientos sobre porque **no has alcanzado la felicidad**; algunos mitos y errores sobre la felicidad, algunas acciones que no ayudan a alcanzar la felicidad, para que las conozcas y las evades.

3. Un test para **medir** tu nivel actual de felicidad.

4. Un test para **encontrar estrategias y tácticas** o tareas específicas para ti, de acuerdo con tus gustos, intereses, valores, para que puedas aumentar tu nivel actual de felicidad.

5. Exposiciones y explicaciones sobre las principales estrategias y tareas específicas para alcanzar la felicidad.

6. Exposición de un **plan gráfico y visual** como una herramienta que te ayude a implementar las estrategias adecuadas para ti, definiendo cuál, cuándo iniciar, cuando terminar, cuándo evaluar avances; quién, dónde, con quién, y fijar un indicador de resultados de avances, para que lo llenes, lo recortes y lo puedas pegar donde prefieras, puede ser en tu refrigerador, y así, día a día, paso a paso, puedas elevar y sostener tu nivel de felicidad.

Así de directo, práctico y útil será este libro.

Lo más importante no es que conozcas las estrategias, sino que las **apliques.**

Pega tu plan en tu refrigerador o en el espejo de tu baño, o en la puerta del closet, para tenerlas presentes, sentirlas e implementarlas para que logres lo que 99 por ciento de las personas desean: ¡la felicidad!

Capítulo 1. Algunas definiciones de "felicidad".

Si deseas alcanzar algo debes conocer de qué se trata ¿no?

Sospecho que ya tienes una idea propia de felicidad, pero vale la pena conocer otras definiciones para que complementes la tuya. Es importante que si quieres lograr algo lo entiendas.

- Estado de ánimo de la persona que se siente **plenamente satisfecha** por gozar de lo que desea o por disfrutar de algo bueno.
- "La felicidad es una forma de navegar, por esta vida que es la mar." Hermanos Castro.
- "Ser feliz implica lograr la **autorrealización** y alcanzar las metas que nos hemos propuesto, logrando un estado de plenitud y armonía del alma." Aristóteles.
- "La felicidad significaba **experimentar placer**, tanto a nivel físico como intelectual, huyendo del sufrimiento." Epicuro.
- "La felicidad es un producto, el resultado de un **estado de flujo** donde pierdes la noción del tiempo haciendo actividades que te encantan y dominas." Mihaly Csikszentmihalyi.
- La felicidad se concibe como una cualidad producto de un estado de **armonía interna** que se manifiesta como un sentimiento de bienestar que perdura en el tiempo.
- La felicidad consiste en **disfrutar** una vida libre de sufrimiento y gozar de bienestar, prosperidad, diversión y placeres.
- "El éxito es conseguir lo que quieres; la felicidad es **querer** lo que consigues." Dale Carnegie**.**

Con estas definiciones vemos que no es posible ponerse de acuerdo, que cada pensador tiene su propia idea, pero lo más importante es que la idea que **tú tengas**, tal vez nutrida con las definiciones anteriores, para que la entiendas y así logres aumentarla.

La primera tarea será que en las siguientes líneas anotes lo que tú entiendes como felicidad, que sea tu propia definición, de tu "ronco pecho", *con tus propias palabras*, no hay respuestas correctas, cada quien es libre de definirla:

____

____

____

Nota: no pienses que esta definición debe quedar grabada en piedra, espero que al terminar de leer este libro vuelvas a escribirla y redefinas lo que consideras que es la felicidad.

Ahora, de acuerdo con tu experiencia y conocimientos, anota cuatro tareas o acciones específicas que deberías de hacer o ya estás haciendo para aumentar tu nivel de felicidad actual; seguramente tienes algunas ideas, anótalas aquí.

Lo que yo hago para aumentar mis niveles de felicidad es:

1.-

2.-

3.-

4.-

Cuando termines de leer este libro conocerás las estrategias efectivas para aumentar tus niveles de felicidad y verás cuáles son las adecuadas para ti, según tu personalidad, intereses, valores, etcétera.

Capítulo 2. Mitos y errores sobre la felicidad.

Veamos algunos mitos y errores que comúnmente creemos y en los que caemos, tratando de ser felices.

 la felicidad se encuentra. Esto es erróneo, en realidad se construye. La felicidad no es un tesoro al final del arcoíris que hay que salir a buscar y si tienes suerte la encuentras. Veras que tú mismo puedes trabajar, día con día, para alcanzar mejores niveles de felicidad con tareas muy específicas, pero ¡hay que hacerlas!

Error: esforzarse haciendo actividades que no la incrementan. Seguramente has realizado esfuerzos para ser feliz y no lo eres, pues sucede que las investigaciones demuestran que no estás haciendo lo correcto para elevar tus niveles si, por ejemplo, buscas riquezas materiales, fama, belleza, status, poder.

Error: creer que la felicidad duradera depende de factores externos. La felicidad depende de nosotros, de lo que hagamos. No la encontrarás en una promoción o aumento de puesto en tu trabajo, en ser más famoso, en tener un auto último modelo, en realizarte una cirugía etcétera. Ojo: no digo que no te haga feliz, pero no te hará feliz por mucho tiempo, será una felicidad efímera a la que te acostumbrarás y cuando te acostumbres u olvides la felicidad que esos bienes materiales te generaron desearás más generando un ciclo vicioso.

Error: la gente sacrifica aumentar sus niveles de felicidad por lograr otras metas en su vida, como el éxito material, un mejor puesto laboral, un sueldo, etcétera.

Probemos: "Si se te apareciera un genio y te concediera tres deseos, ¿cuáles pedirías? Anótalos aquí:

1.

2.

3.

¡Ups! no veo la felicidad en esos tres deseos (si la anotaste, eres parte de ese 6 por ciento de las personas que sí incluyeron la felicidad como un deseo).

 Otra creencia errónea es que la felicidad te hace ser una persona floja, relajada, despreocupada y que no buscarás trabajar más y mejor; entonces no es buena idea aumentar tu felicidad. Esto es un error, pues se ha comprobado que las personas felices son más productivas, exitosas, creativas, son mejores vendedores, por ejemplo, mantienen mejores relaciones con sus compañeros en el trabajo.

Mito: la gente feliz es egoísta, sólo se preocupa por ella misma. ¡Naaa! en realidad, estudios demuestran que la gente feliz es más sociable, participativa, apoya, es voluntaria para temas sociales, altruista.

Mito: la felicidad es efímera, no durará, ¿para qué la busco? Falso, la felicidad es una búsqueda continua, un esfuerzo de todos los días, en donde puedes aumentar tu nivel de felicidad cada vez más, es decir, no hay una meta final, la felicidad la puedes tener siempre si haces lo correcto para sostenerla.

Mito: el dinero es la felicidad. Bueno, de entrada, el dinero es papel o metal o una criptomoneda, por sí mismo no te hará más feliz. Su búsqueda para obtener satisfactores (comida, bebida, hogar, medicinas) deja claro que es sólo un medio, es decir, tener dinero no te hará feliz sosteniblemente, te puede ayudar, pero no es la felicidad. Muchas investigaciones realizadas a ganadores de la lotería encontraron que seis meses después de que ganaron vuelven a sus niveles de felicidad originales. Cada vez más empresarios y artistas millonarios aparecen en las notas rojas porque se suicidaron, pues no se encontraban satisfechos consigo mismos, entre otras causas porque no eran felices.

Quiero ser claro: no está mal ganar dinero, sólo no te creas que tener el auto del año, ropa de marca, fama, "sexo y rocanrol" te hará feliz por siempre, pues satisfacen a un nivel y luego querrás más dinero y todo lo que puedes comprar. Veremos que hay otras estrategias y tareas específicas que sí elevarán tu nivel de felicidad actual y lo sostendrán si las aplicas o implementas.

Error: estar tomando acciones todo el tiempo y monitoreándote qué tan feliz eres. Aunque parezca un contrasentido, estar pendiente todos los días de qué tan feliz eres, estar realizando todo el tiempo acciones para elevar tu nivel de felicidad, compararte sobre el nivel actual y el nivel que deseas alcanzar es contraproducente, pues sólo te hace preocuparte, estresarte y eso no es felicidad.

Capítulo 3. Un test para medir tu nivel de felicidad actual.

Ok, pero ¿cómo sé si soy feliz o no?

Pues resulta que los investigadores han concluido que no hay nadie mejor que tú para que puedas decir qué tan feliz eres. No hay un "felizómetro" que te lo pongas en la cabeza o en tu muñeca y te diga qué tan feliz eres, así que se propone este test, el cual te sugiero respondas, pues te dirá qué nivel de felicidad tienes ahorita, con la idea de que después de uno o dos meses de haber estado realizando las tareas que se recomiendan en este libro, vuelvas a medir tu nivel y cheques qué tanto lo has logrado aumentar.

Responde a las siguientes preguntas, de acuerdo con tu situación actual.

Califica del 1 al 7 de acuerdo con la siguiente escala de valores:

1 Muy en desacuerdo

2 No estás de acuerdo

3 Algo en desacuerdo

4 Ni de acuerdo ni en desacuerdo

5 Parcialmente de acuerdo

6 De acuerdo

7 Totalmente de acuerdo

Estas son las cinco sencillas preguntas de cómo te sientes **¡hoy, hoy, hoy!**

1. En la mayoría de las formas, mi vida está cerca de mi ideal ___

2. Las condiciones de mi vida son excelentes ____

3. Estoy satisfecho con mi vida ____

4. Hasta ahora he obtenido las cosas importantes que quiero en la vida_

5. Si pudiera vivir mi vida, cambiaría casi nada ___

Suma todas las calificaciones

Estos son los posibles resultados, ¿en cuál estás tú?:

- Si obtuviste del 32 al 35, estás extremadamente feliz. Muy bien, haz algo para sostener este nivel.

- Del 28 al 31, muy feliz, ¿cómo le haces? Todavía puedes aumentar tus niveles.

- Del 23 al 27, feliz, bien, aún hay espacio para crecer.

- Del 18 al 22, no muy feliz, te recomiendo leer este libro e implementar las tareas.

- Del 13 al 17, infeliz, necesitas leer e implementar estas estrategias ya.

- Menos de 12, estás deprimido, además de leer este libro te sugiero apoyo profesional: en serio, suelta este libro y márcale a un psicólogo.

Capítulo 4. Un test para ti.

Existe un test para que posteriormente puedas encontrar las estrategias y tácticas o tareas específicas idóneas para ti, de acuerdo con tus gustos, intereses, valores, para que puedas aumentar tu nivel actual de felicidad.

La doctora Sonja recomienda doce **estrategias** con *tareas* **específicas** para aumentar el nivel de la felicidad actual. Fueron probadas científicamente, pues realizó varios experimentos para encontrarlas, pero sugiere que no apliques todas, sino que tendrás que seleccionar **cuatro o cinco** para comenzar, las que mejor se acoplen a tu estilo de vida, personalidad, actitudes, gustos, intereses, etcétera; también para que **no te estreses** intentando implementar todas, así que ella sugiere que te apliques el siguiente test para encontrar las cuatro o cinco estrategias, de esas doce que propone, que sean las adecuadas para que tú las comiences a aplicar.

Instrucciones

Primero lee con detenimiento cada una de estas opciones de *estrategias* para aumentar el nivel de felicidad. Las encuentras en la tabla incluida líneas delante.

Después califica del 1 al 7 cada uno de los *motivos* que tendrías para llevar a cabo estas estrategias, donde 1 supone que no estás de acuerdo con ese motivo para aplicar esa estrategia y el 7 sí estás muuuy de acuerdo con ese motivo.

Abusado, recuerda que estás calificando los *motivos* para realizar estas estrategias.

(Espero que con los ejemplos que te doy lo captes rápido.)

Estos son los posibles *motivos*. Si estás muuuy de acuerdo sobre el motivo que te impulsa a realizar esa *estrategia* le pones un 7, si no estás de acuerdo para nada, le pones un 1 y si más o menos estás de acuerdo, le pones un 3, 4 o 5.

Los posibles *motivos* que tendrías para llevar a cabo estas estrategias:

Natural: para mí es normal llevar a cabo esta estrategia, la siento natural, va conmigo, no es necesario esforzarme para llevarlas a cabo y seré capaz de mantenerla y realizarla por mucho tiempo.

Ejemplo: yo siento que esta estrategia es parte de mi personalidad, no realizaré esfuerzos, es natural o normal llevarla a cabo, me sentiré cómodo realizándola, por lo que le pondré un 7.
Ahora, Tal vez otra persona sentirá que es algo falso, no le agrada, le incomoda, no la siente parte de su naturaleza o personalidad y le dará un 1 de calificación.

Disfrutar: Esta estrategia la disfrutaré, me es interesante y es un reto agradable para mí.
Ejemplo: si yo siento que esta estrategia será agradable, es interesante llevarla a cabo, sí, costara trabajo, pero la disfrutare, le pongo un 7.
Si yo siento que esta estrategia no es nada agradable, nada interesante, es un reto que me costará trabajo y no la disfrutare, será una carga para mí, le pongo un 1 de calificación.

Valorar: haré esta estrategia porque la valoro, me identifico con ella, la hare libremente, aunque no sea agradable para mí.

Ejemplos: si yo valora esta estrategia y me identifico con ella, la haré libremente, sin presiones, sin que me esté presionando alguien más, aunque no me sea agradable, le asignare un 7
Si no me identifico con esta estrategia, no la haré libremente, si alguien me tendría que estar presionando y no me es nada agradable, le asignaría un 1

Culpable: haré esta estrategia porque si no la hiciera me sentiría avergonzado, culpable o preocupado, me forzaré a hacerla.

Ejemplos: si yo siento que teeeengo que hacerla, porque si no me sentiría culpable, avergonzado, preocupado, forzado a hacerla, le pondré un 7.
Si alguien piensa que al no hacerla no hay problema, no se sentirá culpable, ni avergonzado, ni preocupado, le asignará un 1.

Situación: haré esta estrategia porque alguien, puede ser alguien querido, quiere que yo la haga o porque dada mi situación actual es obligatorio hacerla.

Ejemplo: haré esta estrategia porque alguien quiere que yo la haga, o porque en mi situación actual es obligatorio hacerla tengo que hacerla, le pondría 7.
Si pienso que nadie quiere que la haga, ni la situación actual amerita que tenga que hacerla, le daría un 1 de calificación.

Estas son las ESTRATEGIAS, (las de debajo de este texto) califica los motivos de cada uno, asignándole una calificación en la celda que corresponda	natural	disfrutar	valorar	culpable	situación
Estrategias	recuerda calificar TODOS LOS MOTIVOS del 1 al 7				
Expresar gratitud, dar las gracias por lo que tienes, puede ser por escrito o solo de manera verbal, o darle las gracias a alguien a la que nunca la has dado las gracias como debería de ser, HAZLO UNA VEZ POR SEMANA					
Cultivar optimismo: llevar por escrito, un diario, donde anotas como seria tu futuro ideal , exitoso, y como lo llevarías a cabo o también siempre ver el lado positivo de las cosas que te suceden					
Evitar pensar demasiado: evitar darle vueltas a un problema todo el tiempo, fijar un tiempo límite para pensar en problemas y después ya no, evitar compararte con los demás, distraerte en otras actividades para no estar pensando siempre en un problema					
La amabilidad: hacer cosas buenas por los demás, amigos o desconocidos, directamente o anónimamente, de forma espontanea o planeada. Ser voluntario, casa hogar, asilo, adopción de mascotas, actividades en beneficio social					
Cuidar las relaciones: puede ser con tu pareja, amigos, familiares, compañeros de trabajo. Invertir tiempo, esfuerzo en cultivarla, mejorarla, limar asperezas, curarla, disfrutarla					
Afrontar: diseñar y aplicar estrategias para afrontar un problema, superar el estrés o un trauma reciente, como meditar, ir con un especialista,					
Perdonar: llevar un diario, escribir una carta en la cual te desprendes de la ira, rencor hacia una o varias personas que te hicieron daño o fueron injustas contigo					
Hacer actividades atractivas, vivir experiencias agradables, en tu hogar, trabajo, en las que te ensimismes, te claves pues, que sea un reto, te absorban, que caigas en el flow, que harías gratis? Que te anima cada día al levantarte?					
Saborear alegrías: prestar atención, deleitarse y repetir esos momentos placenteros de tu vida, a través del pensamiento, por escrito, dibujarlos o compartirlos con las demás personas. Hacer un comercial de ti misma, resaltando tus exitos, logros, bendiciones					
Comprometerte con los objetivos: establecer unos 3 objetivos, que para ti sean importantes, que tengan sentido, y dedicarles tiempo y esfuerzo para alcanzarlos					
Estrategia una religión y espiritualidad, no necesariamente católica, cristiana, romana, ir a eventos, iglesias, templo, mezquita, centro , leer mas sobre el tema, reflexionar sobre temas espirituales					
Tu cuerpo: ocuparte de tu cuerpo, hacer ejercicio, dieta, meditar, reír,	natural	disfrutar	valorar	culpable	situación

Ejemplo: Así es como yo califique los motivos:

Estas son las ESTRATEGIAS, (las de debajo de este texto) califica los motivos de cada uno, asignándole una calificación en la celda que corresponda	natural	disfrutar	valorar	culpable	situación
Estrategias	recuerda calificar TODOS LOS MOTIVOS del 1 al 7				
Expresar gratitud, dar las gracias por lo que tienes, puede ser por escrito o solo de manera verbal, o darle las gracias a alguien a la que nunca la has dado las gracias como debería de ser, HAZLO UNA VEZ POR SEMANA	6	7	5	1	1
Cultivar optimismo: llevar por escrito, un diario, donde anotas como seria tu futuro ideal , exitoso, y como lo llevarías a cabo o también siempre ver el lado positivo de las cosas que te suceden	7	7	7	1	1
Evitar pensar demasiado: evitar darle vueltas a un problema todo el tiempo, fijar un tiempo límite para pensar en problemas y después ya no, evitar compararte con los demás, distraerte en otras actividades para no estar pensando siempre en un problema	4	7	4	6	5
La amabilidad: hacer cosas buenas por los demás, amigos o desconocidos, directamente o anónimamente, de forma espontanea o planeada. Ser voluntario, casa hogar, asilo, adopción de mascotas, actividades en beneficio social	7	7	5	1	1
Cuidar las relaciones: puede ser con tu pareja, amigos, familiares, compañeros de trabajo. Invertir tiempo, esfuerzo en cultivarla, mejorarla, limar asperezas, curarla, disfrutarla	5	5	6	6	7
Afrontar: diseñar y aplicar estrategias para afrontar un problema, superar el estrés o un trauma reciente, como meditar, ir con un especialista,	1	1	6	6	1
Perdonar: llevar un diario, escribir una carta en la cual te desprendes de la ira, rencor hacia una o varias personas que te hicieron daño o fueron injustas contigo	1	1	5	5	7
Hacer actividades atractivas, vivir experiencias agradables, en tu hogar, trabajo, en las que te ensimismes, te claves pues, que sea un reto, te absorban, que caigas en el flow, que harías gratis? Que te anima cada día al levantarte?	7	7	7	1	1
Saborear alegrías: prestar atención, deleitarse y repetir esos momentos placenteros de tu vida, a través del pensamiento, por escrito, dibujarlos o compartirlos con las demás personas. Hacer un comercial de ti misma, resaltando tus exitos, logros, bendiciones	7	7	7	1	1
Comprometerte con los objetivos: establecer unos 3 objetivos, que para ti sean importantes, que tengan sentido, y dedicarles tiempo y esfuerzo para alcanzarlos	7	7	7	1	1
Estrategia una religión y espiritualidad, no necesariamente católica, cristiana, romana, ir a eventos, iglesias, templo, mezquita, centro , leer mas sobre el tema, reflexionar sobre temas espirituales	5	5	1	1	1
Tu cuerpo: ocuparte de tu cuerpo, hacer ejercicio, dieta, meditar, reír,	7	7	7	1	1

Después harás unas sumas y divisiones (no te estreses, no están muy difíciles).

- Suma las tres calificaciones que asignaste a los motivos NATURAL+DISFRUTAR+VALORAR de **cada estrategia, repito, de cada estrategia** y divide el resultado entre 3, le llamaremos **resultado1**.

- Después, suma las calificaciones que diste a los motivos **CULPABLE+SITUACIÓN** y divídelo entre 2, le llamaremos resultado 2.

- Al resultado1 réstale el resultado 2.

- Hazlo con cada estrategia, al final tendrás 12 calificaciones por cada estrategia.

- Selecciona las que tengan mayor calificación.

(Si, es posible que obtengas números negativos.)

A mí me resultó lo siguiente:

Estas son las ESTRATEGIAS, (las de debajo de este texto) califica los motivos de cada uno, asignándole una calificación en la celda que corresponda	natural	disfrutar	valorar	culpable	situacion	RESULTADO 1	RESULTADO 2	R1-R2
Estrategias	recuerda calificar TODOS LOS MOTIVOS del 1 al 7							
Expresar gratitud, dar las gracias por lo que tienes, puede ser por escrito o solo de manera verbal, o darle las gracias a alguien a la que nunca la has dado las gracias como debería de ser, HAZLO UNA VEZ POR SEMANA	6	7	5	1	1	6,0	1	5,0
Cultivar optimismo: llevar por escrito, un diario, donde anotas como seria tu futuro ideal , exitoso, y como lo llevarías a cabo o también siempre ver el lado positivo de las cosas que te suceden	7	7	7	1	1	7,0	1	6,0
Evitar pensar demasiado: evitar darle vueltas a un problema todo el tiempo, fijar un tiempo límite para pensar en problemas y después ya no, evitar compararte con los demás, distraerte en otras actividades para no estar pensando siempre en un problema	4	7	4	6	5	5,0	5,5	-0,5
La amabilidad: hacer cosas buenas por los demás, amigos o desconocidos, directamente o anónimamente, de forma espontanea o planeada. Ser voluntario, casa hogar, asilo, adopción de mascotas, actividades en beneficio social	7	7	5	1	1	6,3	1	5,3
Cuidar las relaciones: puede ser con tu pareja, amigos, familiares, compañeros de trabajo. Invertir tiempo, esfuerzo en cultivarla, mejorarla, limar asperezas, curarla, disfrutarla	5	5	6	6	7	5,3	6,5	-1,2
Afrontar: diseñar y aplicar estrategias para afrontar un problema, superar el estrés o un trauma reciente, como meditar, ir con un especialista,	1	1	6	6	1	2,7	3,5	-0,8
Perdonar: llevar un diario, escribir una carta en la cual te desprendes de la ira, rencor hacia una o varias personas que te hicieron daño o fueron injustas contigo	1	1	5	5	7	2,3	6	-3,7
Hacer actividades atractivas, vivir experiencias agradables, en tu hogar, trabajo, en las que te ensimismes, te claves pues, que sea un reto, te absorban, que caigas en el flow, que harías gratis? Que te anima cada día al levantarte?	7	7	7	1	1	7,0	1	6,0
Saborear alegrías: prestar atención, deleitarse y repetir esos momentos placenteros de tu vida, a través del pensamiento, por escrito, dibujarlos o compartirlos con las demás personas. Hacer un comercial de ti misma, resaltando tus exitos, logros, bendiciones	7	7	7	1	1	7,0	1	6,0
Comprometerte con los objetivos: establecer unos 3 objetivos, que para ti sean importantes, que tengan sentido, y dedicarles tiempo y esfuerzo para alcanzarlos	7	7	7	1	1	7,0	1	6,0
Estrategia una religión y espiritualidad, no necesariamente católica, cristiana, romana, ir a eventos, iglesias, templo, mezquita, centro , leer mas sobre el tema, reflexionar sobre temas espirituales	5	5	1	1	1	3,7	1	2,7
Tu cuerpo: ocuparte de tu cuerpo, hacer ejercicio, dieta, meditar, reír,	7	7	7	1	1	7,0	1	6,0

En mi caso, las estrategias que tuvieron mayores calificaciones fueron:

1. **Cultivar optimismo**
2. **Hacer actividades atractivas**
3. **Saborear alegrías**.
4. **Comprometerte con los objetivos**
5. **Tu cuerpo**.

¡Así que ya tengo cinco estrategias que debo de implementar para aumentar mis niveles de felicidad!!! .

Si deseas recibir este test en Excel, si tienes dudas y deseas ayuda para calificarte, mándame un email a socratesmarquez.think@gmail.com

Capítulo 5. Principales estrategias para alcanzar la felicidad.

Ahora, veamos con más detalles las estrategias, para conocer las **tareas o acciones específicas** a realizar para llevarlas a cabo con la idea de aumentar tu nivel inicial de felicidad, si deseas sólo puedes leer las que resultaron más adecuadas para ti.

1. **Cultivar el optimismo:** llevar por escrito un diario, donde anotes cómo sería tu futuro ideal, exitoso, y como lo llevarías a cabo. Toma unos 20 o 30 minutos de un día a la semana, para pensar en él y escribirlo. Si te vienen ideas negativas sobre la imposibilidad de que sea realidad ese futuro, busca como sí hacerlos posible, recuerda cómo has salido adelante ante algún problema anteriormente. Los pensamientos barrera o negativos se van a presentar siempre, cuestiónalos, identifícalos, ponlos por escrito y dales la vuelta, enfréntalos y revisa qué tan reales son y encuentra estrategias para enfrentarlos, minimizarlos, desaparecerlos, muchas veces son sólo ideas no realidades.

    Esta estrategia también tiene que ver con encontrar siempre el lado positivo de las cosas que te suceden, encontrar una enseñanza, darle la vuelta, visualizar los sucesos desde otro punto de vista. Esto toma tiempo, esfuerzo y práctica, pero tendrás muchos beneficios.

2. **Hacer actividades atractivas**: vivir experiencias agradables, en tu hogar, trabajo, en las que te ensimismes, te claves pues, que sea un reto, que te absorban, que tengas habilidades para realizarla, que signifique un esfuerzo, que caigas en el *flow, es decir, un periodo donde estas disfrutando haciendo algo*. Pregúntate ¿qué harías gratis?

    ¿Qué te anima cada día al levantarte? ¿Qué es aquello que al terminar de hacerlo digas: ¡ah cabrón, cómo pasa el tiempo!

3. **Saborear alegrías:** prestar atención, deleitarse y repetir esos momentos placenteros de tu vida, a través del pensamiento, por escrito, dibujarlos o compartirlos con las demás personas. Pueden ser estrategias como ir al cine, comer algo delicioso, oír música, leer. Enfócate en lo que haces, cierra los ojos y concéntrate en ese rico café, platillo, deja a un lado tu teléfono celular mientras comes. Revive alegrías pasadas, días felices, pasea, checa el color de los árboles, sus

hojas, el azul del mar, los sonidos de los pájaros, haz un catálogo de fotos, recortes, recuerda cosas, objetos, sucesos, frases de tu niñez, juventud. Haz un comercial de ti mismo, resaltando tus ventajas, fortalezas, éxitos, logros, bendiciones, etcétera, que no dure más de sesenta segundos y léetelo cada día al despertar.

4. **Comprometerte con los objetivos:** establece tres que para ti sean importantes, que tengan sentido, que te apasione alcanzarlos y dedícales tiempo y esfuerzo para que sean realidad. Imagina un futuro, establece objetivos concisos, medibles, alcanzables, retadores y haz una lista de acciones que debes de comenzar a realizar para volverlos una realidad e impleméntalas desde ya.

5. **Tu cuerpo:** ocuparte de tu cuerpo, chécate, hacer ejercicio, dieta, medita, ríe, ve a un spa, a un masaje.

6. **Expresar gratitud:** es hacer presente lo que tienes, al despertar o al acostarte, dar las gracias por lo que tienes, puede ser por escrito llevando un diario o sólo de manera verbal, o darle las gracias a alguien a quien nunca se las has dado como debería ser, *hazlo una vez por semana.* Descubre cosas, sucesos o situaciones nuevas por las cuales dar gracias. Pueden ser cosas que haces bien, que te gusta de tu casa, barrio o ciudad donde vives, objetivos que has alcanzado, piensa en personas que te apoyan o trabajan contigo. Puedes apoyarte en algún amigo para que te ayude a descubrir esas cosas que deberías agradecer. Hay opciones para manifestar y hacer tangibles de lo que estás agradecido, por ejemplo, dibujando, tomando fotos, con un collage de recortes de revistas, un diario, un video, una carta. Puede ser que en algún momento te aburras, lo mejor es cambiar la técnica de cómo agradecer, realizando una vez por semana alguna de las opciones que te mencioné.

7. **Practicar la amabilidad:** hacer cosas buenas por los demás, amigos o desconocidos, directamente o anónimamente, de forma espontánea o planeada. Ser voluntario en alguna casa hogar, asilo, adopción de mascotas, actividades para el beneficio social, etcétera.

   Hay muchas opciones, lo importante es que sea algo nuevo para ti, que lo practiques una vez a la semana, pues científicamente se han comprobado que así se obtienen resultados; que lo hagas de forma libre y sin que te forcen, puede ser desde donar sangre, poner monedas en un parquímetro, ayudar a un amigo o a un familiar en sus tareas, visitar un familiar, a un anciano, escribir una carta, lavar los platos de alguien, ayudar a alguien en tu trabajo, darle las gracias a un profesor, hacer alguna reparación en algún hogar, hacer una comida, acompañar a alguien, un regalo, una llamada telefónica. Tiene que ser una vez a la semana, tiene que ser algo que te agrade y tiene que ser diferente cada vez.

8. **Tarea de religión y espiritualidad:** espiritualidad es buscar sentido a la vida, y religión es lo mismo, pero bajo ciertas instituciones y ritos. Esta estrategia no es necesariamente abrazar la religión católica, cristiana, apostólica y romana, hay muchas alternativas y opciones, puedes ir a eventos, iglesias, templos, mezquitas, centros budistas, lee más sobre el tema, inscribirte a cursos, reflexionar sobre temas espirituales, ora.

9. **Evitar pensar demasiado:** evita darle vueltas a un problema todo el tiempo, fija un tiempo límite para pensar en problemas, digamos unos 10 minutos y ya, gritando ¡basta! Sí, ¡gritando! Distráete en otras actividades para no estar pensando siempre en un problema, estas actividades deberán ser atractivas y fascinantes para ti, que te agraden y absorban. Platica con alguien sobre tus problemas, alguien que sí te escuche. Escríbelas, así las clarificarás, las descargas de tu memoria y no las traes todo el santo día en tu "cabezota". Claro, otra tarea para dejar de pensar tanto en los problemas es enfrentarlos y resolverlos, hazlo paso a paso. Evitar los lugares, personas y situaciones que te hacen pensar demasiado es buena idea, identifícalos. Aumentar tu autoestima, con esto lograrás tener la actitud, carácter y templanza para hacer que los problemas te valgan un "cacahuate". No olvides meditar, de esta forma calmas tu mente, y claro, dejas de pensar tanto en los problemas; con diez minutos diarios es suficiente. Para minimizar los problemas que te aquejan fíltralos por el tiempo preguntándote: ¿esto tendrá importancia en un año? También por el tamaño: compáralos contra el tamaño del universo, del planeta, de la

ciudad, y verás que son más pequeños de lo que pensabas. Evitar compararte con los demás es otra estrategia para ser feliz.

10. **Cuidar las relaciones:** puede ser con tu pareja, amigos, familiares, compañeros de trabajo. Invertir tiempo, esfuerzo en cultivarla, mejorarla, limar asperezas, curarla, disfrutarla, platicar, decirle cosas positivas, recuérdale que te atrae de él o ella, reúnete con amigos una vez a la semana, comunícate con ellos, agradece, destaca sus características positivas, bríndales apoyo, escúchalos, defiéndelos, abrázalos (sí, literalmente): hay muchos beneficios al abrazar.

11. **Afrontar:** puede ser el problema o las consecuencias emocionales de ese problema, trauma, experiencia negativa. Enfrentar el problema es enfocarlo y diseñar una estrategia, un plan de trabajo específico y echarlo a andar. Ahora, si se trata de enfrentar los problemas emocionales, las sugerencias pueden ser: encontrar el lado positivo, la enseñanza que nos deja ese problema, buscar apoyo social, hablar con otras personas, escribir sobre el problema durante quince minutos durante diez días, cuestionar tus pensamientos pesimistas, meditar, ir con un especialista, un psicólogo, un psiquiatra, grupos de apoyo.

12. **Perdonar:** llevar un diario, escribe una carta en la cual te desprendes de la ira, rencor hacia una o varias personas que te hicieron daño o fueron injustas contigo, puedes o no mandar esa carta. Para valorar el perdón haz memoria cuando tú fuiste el que perdonó a alguien: ¿cómo te sentiste, qué cambio?

Capítulo 6 Un plan gráfico y visual que te ayude a implementar las estrategias adecuadas para ti.

¿Ok, ya conoces que tienes que hacer, tareas específicas de acuerdo a tus intereses, valores, personalidad, interesante no?

Peeeero sucede que muchas personas fracasan en implementarlas, por alguna de estas razones:

- Solo queda como visto en este libro o anotaciones con pluma azul en el margen
- No las tienes por escrito, solo en tu cabeza, pero se van ocultando por otros pensamientos
- Se les olvida
- No saben qué hacer específicamente, como, cuando, con quien, es decir, como aterrizar esas estrategias
- No sabe cuándo revisar avances, no sabes si vas bien
- No la tienen a la vista, para tenerla presente y le recuerde que tiene que trabajar por su felicidad.

Es por eso que, el autor (o sea yo) pide que llenes el siguiente formato, que se usa mucho en los negocios, específicamente en la planeación estratégica, pues ayuda a los empresarios a visualizar un futuro, un objetivo y traducirlo en acciones diarias para llevarlo a cabo, hacerlo realidad. En el caso de este libro funcionara igual para que aterrices lo visto en un plan de trabajo, con tareas específicas y así puedas cumplir con tus metas de elevar tu nivel de felicidad

FORMATO DE PLAN PARA ALCANZAR LA FELICIDAD

Fecha _____________________

Nombre _______________

Nivel actual de felicidad___________

	en donde, con quien, a quien, que hacer	fecha de inicio	fecha de revisión de indice de felicidad	resultados en 30 días (nivel de felicidad, aplicar prueba)	resultados en 60 días (nivel de felicidad, aplicar prueba)	resultados en 90 días (nivel de felicidad, aplicar prueba)
estrategia1						
tarea especifica1						
tarea especifica2						
tarea especifica3						
tarea especifica4						
estrategia2						
tarea especifica1						
tarea especifica2						
tarea especifica3						
tarea especifica4						
estrategia3						
tarea especifica1						
tarea especifica2						
tarea especifica3						
tarea especifica4						

Veamos con detalles este formato:

1. **Fecha,** de cuando estés llenado este formato

2. **Nombre,** tu nombre, ni modo que el de otra persona ☺

3. **Nivel de felicidad inicial,** el resultado que obtuviste cuando te mediste tu nivel de felicidad por primera vez ¿recuerdas la primera prueba?

4. **Estrategia,** en la celda que corresponda, anota la estrategia genérica que vas a implementar, son esas que el test concluyo que son las 4 más adecuadas para ti

5. **Tareas específicas,** aquí vas a escribir con más detalle la acción derivada de esa estrategia, para que sea más específica, redáctala comenzando con un verbo: ir, comprar, reunirme, asistir, leer, escribir, etc.

6. **En donde, con quien, a quien,** estas celdas dependen de la tarea específica, veamos algunos ejemplos:

Tal vez sea escribir un diario, ir a un asilo, hacer ejerció en el parque, dar las gracias a alguien, escribir tus objetivos, donar, ir a una iglesia, distraerte en algunas actividades, fijar un límite máximo para pensar en los problemas, adoptar una mascota, plantar árboles, resolver problemas con amigos, pareja, compañeros de trabajo (especificar quien) ir a un templo a meditar o hacerlo en tu cuarto, escribir una carta de perdón, dibujar, cantar, bailar, escribir, hacer ejercicio, la idea es especificar muy claramente que, con quien, donde, que harás

7. **Fecha de inicio,** cuando comenzaras a implementar esa tarea

8. **Fecha de revisión,** fecha cuando revisaras tu nivel de felicidad, se recomienda dejar pasar al menos 30 días entre cada medición, checártela a los 60 y 90 días

Este plan hazlo por semestre, pero ten en cuenta que aumentar tus niveles y sostener ese nivel es una tarea de siempre

Ya que lo tengas lleno, tenlo a la vista, revísalo cada 3er día para ver que tienes que hacer,

Pégalo en tu refrigerador

O en donde quieras

Este es el mío: te lo comparto:

Plan que pegar en mi refrigerador:

	en donde, con quien, a quien, qué hacer	fecha de inicio	fecha de revisión de índice de felicidad	resultados en 30 días (nivel de felicidad, aplicar prueba)	resultados en 60 días (nivel de felicidad, aplicar prueba)	resultados en 90 días (nivel de felicidad, aplicar prueba)
estrategia						
CULTIVAR OPTIMISMO						
analizar el lado positivo de los problemas	en mi oficina, cada vez que analice los problemas	7 de enero del 2019	7 de febrero del 2019			
escribir un diario sobre mi mejor futuro	en una libreta que comprare, lo hare cada fin de semana	8 de enero del 2019 y cada semana, los sábados	7 de febrero del 2019			
estrategia						
HACER ACTIVIDADES ATRACTIVAS						
dibujar	en mi casa, comprar lápices, colores, papel	7 de enero del 2019	7 de febrero del 2019			
oír música alegre	en mi casa, oficina, mientras viajo	7 de enero del 2019	7 de febrero del 2019			
estrategia						
OCUPARME DE MI CUERPO						
salir a correr, caminar	en la calle, comprarme unos tenis	13 de enero del 2019	13 de febrero del 2019			
andar en bicicleta	en la calle, comprar bicicleta	20 de enero del 2019	20 de febrero del 2019			

Conclusiones

A lo largo (y a lo ancho, porque no) de este libro hemos podido conocer que:

1. La felicidad la construye uno mismo.

2. La felicidad se puede medir

3. Hay estrategias y tareas científicamente probadas para incrementar tus niveles de felicidad

4. Hay forma de determinar cuáles son las estrategias y tareas ideales para ti

5. Un plan visual es una herramienta de apoyo para alcanzar el nivel que deseas

6. Que ese plan lo puedes pegar en tu refrigerador

7.

PERO LO MAS IMPORTANTE ES QUE IMPLEMENTES ESAS ACCIONES, DE VERDAD QUE FUNCIONAN, TUS NIVELES DE FELICIDAD AUMENTARAN SOLO SI HACES LOS EJERCICIOS DE FELICIDAD, DE OTRA MANERA NO TENDRAS ÉXITO

¡Espero que seas muy, muy feliz!!

Si deseas los test, tablas y formatos gratis escríbeme

socratesmarquez.think@gmail.com

también escríbeme, me encantaría saber si estas estrategias y tu plan han funcionado

mándame fotos de tu plan en tu refrigerador

CREDITOS

1. **Doctora Sonja Lyubomirsky . La Ciencia de la Felicidad** , Editor: EDICIONES URANO;

    Edición: Tra (10 de mayo de 2016)

Idioma: Español

ISBN-10: 8479536640

ISBN-13: 978-8479536640

2. **Ed Diener alias "el doctor Happy"**

Happiness: Unlocking the Mysteries of Psychological Wealth

Editor: Wiley-Blackwell (9 de septiembre de 2008)
Idioma: Inglés
ISBN-10: 9781405146616
ISBN-13: 978-1405146616
ASIN: 1405146613

3. Mihaly Csíkszentmihályi,

Fluir: Una psicología de la felicidad
Editor: Penguin Random House Grupo Editorial SA de CV (1 de marzo de 2016)
Idioma: Español
ISBN-10: 6073140975
ISBN-13: 978-6073140973

MOOC

Indian School of Business,

A Life of Happiness and Fulfillment

https://www.coursera.org/learn/happiness

www.ingramcontent.com/pod-product-compliance
Lightning Source LLC
Chambersburg PA
CBHW081636250726
48657CB00009B/2902